Fannie Mae Duncan

Entrepreneur

D0249375

Fannie Mae Duncan

Entrepreneur

by Angela Dire

Filter Press, LLC
Palmer Lake, Colorado

Fannie Mae Duncan
by Angela Dire

For Kathleen Esmiol, teacher and storyteller, whose thorough
and thoughtful manuscript about Fannie Mae Duncan's life made
it possible to bring this story to children.

ISBN: 978-0-86541-159-3
LCCN: 2013947111

Produced with the support of Colorado Humanities and the National
Endowment for the Humanities. Any views, findings, conclusions,
or recommendations expressed in this publication do not necessarily
represent those of the National Endowment for the Humanities or
Colorado Humanities.

Cover photo courtesy, Special Collections, Pikes Peak Library District,
099-10709. Lew Tilley, photographer

Printed in the United States of America

Published by Filter Press, LLC, in cooperation with
Denver Public Schools and Colorado Humanities

Great Lives in Colorado History

Augusta Tabor by Diane Major
Barney Ford by Jamie Trumbull
Benjamin Lindsey by Gretchen Allgeier
Bill Hosokawa by Steve Walsh
Charles Boettcher by Grace Zirkelbach
Chief Ouray by Steve Walsh
Chin Lin Sou by Janet Taggart
Clara Brown by Suzanne Frachetti
Doc Susie by Penny Cunningham
Elbridge Gerry by Jennifer L. Buck
Emily Griffith by Emily C. Post
Enos Mills by Steve Walsh
Fannie Mae Duncan by Angela Dire
Felipe and Dolores Baca by E. E. Duncan
Florence Sabin by Stacey Simmons
Frances Wisebart Jacobs by Martha Biery
Hazel Schmoll by Penny Cunningham
Helen Hunt Jackson by E. E. Duncan
Kate Slaughterback by Lindsay McNatt
Katharine Lee Bates by Monique Cooper-Sload
John Dyer by Jane A. Eaton
John Routt by Rhonda Rau
John Wesley Powell by Suzanne Curtis
Josephine Aspinwall Roche by Martha Biery
Justina Ford by K. A. Anadiotis
Little Raven by Cat DeRose
Otto Mears by Grace Zirkelbach
Ralph Carr by E. E. Duncan
Richard Russell by Christine Winn
Robert Speer by Stacy Turnbull
Rodolfo "Corky" Gonzales by Jorge-Ayn Riley
William Bent by Cheryl Beckwith
Zebulon Montgomery Pike by Steve Walsh

Contents

Fannie Mae Duncan, 1918–2005

A Determined Girl

A cricket is just a tiny thing, but how it sings! To a little girl growing up on a farm in dusty Oklahoma, the voices of the crickets at night sounded like a **symphony**.

Fannie Mae Bragg Duncan wondered how a little 'ole bug could make such sweet music. Her daddy explained that God gave crickets a special talent. When the crickets rub their wings together, they make a sound like a fiddle.

Fannie Mae thought about it. She didn't have wings like a cricket, but maybe if she rubbed one foot against the other leg, as hard as she could, she could make music too. She jumped to her feet and tried.

No music.

This made her daddy laugh. It did not work that way for people, he told her. Just for crickets.

Fannie Mae thought about it some more. Well, if she could not make the music, then she would catch a cricket, and it would make the music for her.

Daddy had no doubt that Fannie Mae could catch crickets or do anything she set her mind to. The girl would not take no for an answer. She had "spunk," a special kind of determination. She was not afraid of challenges. Daddy turned out to be right. Fannie Mae would grow up to do great things. Even though she could not sing a note, she would bring music to people, no matter their size or shape or color.

A Head for Business

Cricket symphonies and fireflies lit up the night sky and fields of cotton as far as Fannie Mae could see. Growing up on her daddy's farm with six brothers and sisters was an adventure for Fannie Mae.

She was born on July 5, 1918, in the town of Luther, Oklahoma. The nearest city was miles away. All the roads were dirt, and automobiles putt-putted along on giant wheels. All the neighbors shared the same telephone line and could hear each other's conversations when they picked up the phone. It was called a "party line," but it was not as fun as it might sound. A person might wait for hours for a turn to make a call. Houses had **cisterns** with hand pumps for water and oil lanterns and candles for lights. Fannie Mae climbed oak trees and played hopscotch for fun. While Momma, Daddy, and her older brothers picked cotton in the fields, Fannie Mae and her younger brother and sister drew pictures in a patch of red dirt with a stick for hours.

By the time Fannie Mae went to school, she had learned all the letters in the alphabet—but in the wrong order. When her teacher tried to correct her, Fannie Mae insisted stubbornly that she had made up her own alphabet, and she did not see any need to learn letters "the way teachers taught 'em." She began to teach the other children her made-up alphabet! That day after school, the teacher talked with Fannie Mae's mom and dad. Fannie Mae had all the qualities of a true leader, the teacher told her parents, but she still needed to learn the alphabet in the right order. Daddy made sure Fannie Mae did—in one night.

Fannie Mae's father was a tenant farmer, which meant he paid rent to use the land he farmed. He grew grapes, plums, cherries, and pears. He also grew tall stalks of corn, crisp apples, and juicy watermelons. He made most of his money from growing cotton. Oh, how Fannie Mae hated picking cotton. The rows of cotton plants were so straight and boring. They made her feel like the worker ants she watched carrying their loads through the red dirt. When Fannie Mae plucked the cotton off the plants, the sharp **burrs** that grew around the soft fluffy cotton pricked her fingers. Picking cotton hurt, and Fannie Mae told Daddy she would not do it.

In a family of seven children, Fannie Mae was smack in the middle in age and usually in the middle of any trouble too! Her daddy must have had a soft spot in his heart for her. He did not make Fannie Mae pick cotton. Instead he took her along to the roadside stand where he sold fruits and vegetables. Drivers pulled off the road to buy "just a few apples." Before they knew it, Fannie Mae had talked them into buying corn, beans, and red tomatoes. She seemed to have a talent for selling things. When Fannie Mae first worked the stand, she had never seen a coin or bill, but soon she was adding them up and making change.

Fannie had "a head for business," which meant she was naturally good at business.

Fannie's Great Loss

When Fannie Mae was growing up, just living day to day could be dangerous. The year she was born, a flu virus killed millions of people all over the world. Doctors did not know as much about sickness and disease as they know now, and they did not have today's powerful medicines to make sick people well. Fannie Mae was too happy and carefree to worry about the sick—until a cold November when her whole life changed.

That day, Momma was worried. It was late, and snow was falling. Daddy had not returned from town. Then someone knocked on the door. A man had seen Daddy's car off the road in a ditch. Daddy was hurt. His arm was bleeding badly. They had nothing to wrap his arm in except a dirty old rag. Momma quickly got Daddy into bed and called the doctor.

Days passed, and Daddy got sicker. His arm was infected with germs. If this had happened today, her daddy would be given special medicines called **antibiotics** to kill the germs. People did not have antibiotics when Fannie Mae was a child, and Daddy lay in bed getting sicker and sicker. On Thanksgiving Day, 1926, he died.

A terrible sadness came over Fanny Mae. However, she kept going to the roadside stand to sell fruits and vegetables the way Daddy would have wanted. She knew how to count and make change, and she used her best manners. The only thing that made her feel a little better was making a sale.

Seven years after her daddy died, Fannie Mae's mom had to give up the farm. It was just too hard to run a farm and take care of her children. Fannie's older sister lived in a town called Colorado Springs, and she begged the family to come live there. The town had good jobs and opportunities.

In 1933, the family packed their things into a rusty old truck and headed west.

A New Life in Colorado

Life in the 1930s was especially hard for many black people. Even though slavery had been abolished years before Fannie Mae was born, she still faced **discrimination**. She was not a slave, as her grandparents had been, but life remained unfair in many ways. Black children in places across the United States were **forbidden** to go to school with white children. Black families lived away from whites in separate neighborhoods, and they were not allowed to shop in the same stores, eat in the same restaurants, or even drink from the same water fountains as white people. This harsh, separate life for African Americans was called **segregation**.

In Colorado Springs, things were a little different. All children attended school together. For the first time in her life, Fannie had friends of many **races**. She played games

Fannie Mae attended school with children of all races. Across the nation, most black and white children attended separate schools.

☞ *Fannie Mae Duncan* 11

with her Spanish-speaking neighbors and made friends with the white children. Fannie loved school and became one of the most enthusiastic students at Palmer High School. She never forgot how her daddy died. She dreamed of going to college to become a nurse. She would save the lives of people like him.

It was not to be. Although everyone in the family worked two or three jobs—washing dishes, cleaning houses, serving food—they did not have enough money for Fannie to go to college. Fannie was disappointed but not for long. She married a man named Ed Duncan in 1939, and they became a team. Just as she did on that evening long ago when she tried to sing like the crickets, she quickly adjusted to a new dream.

Making Money

Colorado Springs was the home of soldiers from all over the country. They lived on an army base called Fort Carson. It was like a little city with its own store where the soldiers could shop. Fannie got a job serving ice cream at the store, and the soldiers crowded around the soda fountain to buy her banana splits. It did not take long for her boss to notice her talent for business. She quickly earned a promotion to assistant manager, then manager. Fannie thought to herself, "If I can make this kind of money for them, I should be able to make it for myself."

Fannie Mae knew she could make money if she opened her own restaurant, but there was a problem, a big problem. She needed a special **license** from the City of Colorado Springs. She went to **city hall** and told the person in charge what she planned to do.

City Manager Earl Mosley looked at her like she was crazy. Who was this young woman who thought she could run her own business? Most business owners in town were white men. Women, like African Americans, faced discrimination when starting businesses and getting good jobs. The city manager would not give her the license. Fannie Mae would not take no for an answer. Every day at 3:30 p.m., she showed up at Mr. Mosley's office and insisted he change his decision and allow her to purchase the business license. Mr. Mosley finally agreed. Fannie Mae Duncan was in business.

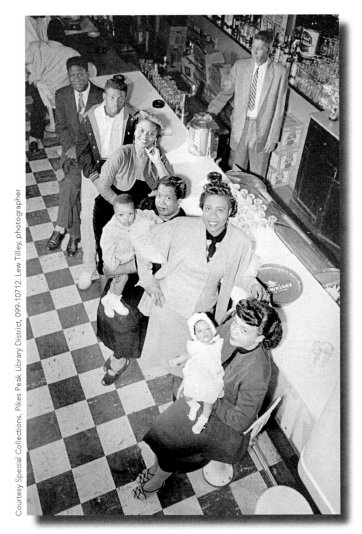

Fannie Mae received a lot of help from her family. Her brothers, sisters, nieces, and nephews worked at her café. Her husband, Ed, was her partner in her businesses, including the Cotton Club.

Everybody Welcome

Soon Fannie Mae was the owner of not just one business, but a whole city block of shops. Because of segregation, African Americans were not allowed to shop and eat in the "whites only" restaurants and stores of Colorado Springs. Fannie Mae opened a gift shop, music store, hair salon, barbershop, and café for African Americans and other people of color. Business boomed!

Still, Fannie Mae was looking ahead to even more businesses. She noticed that times and attitudes were changing. In the big cities, blacks and whites went to the same fancy nightclubs to listen to an amazing kind of music called jazz.

Jazz music was originally created by black musicians who grew up listening to songs brought to America by African slaves. These musicians mixed the African music with music from Europe and **improvisation** to create a sound **unique** to America. In fact, some **historians** believe jazz music is one of the most important artistic contributions America has given the world.

Fannie Mae thought that if New York City, Los Angeles, and Denver had nightclubs with jazz music, why not Colorado Springs? She would open an elegant nightclub where people of all colors could eat, drink, and dance together as they listened to the finest musicians in the country.

She put her husband and brother to work hammering and sawing in the large room upstairs from their café. They built a large **bandstand**, and Fannie bought an expensive piano. She hung a 20-foot-high neon sign over the entrance:

Cotton Club
Presents
Two Lavish Shows Nightly
Dining   Dancing

In no time, Fannie Mae's nightclub was packed with happy customers. Many famous musicians, such as Louis "Pops" Armstrong and Count Basie, played on the homemade bandstand, and soulful Billie Holiday sang her **blues** songs. The musicians who performed on Fannie's bandstand are now in the pages of history books.

Sometimes Fannie noticed white folks peeking in the window wondering if they were welcome in a nightclub where most of the

The Cotton Club was torn down in the early 1980s, and a high-rise building was constructed in its place.

Fannie Mae's Cotton Club was named after a famous nightclub in New York City. When New York's famous Cotton Club first opened, African Americans worked there but were not allowed in as customers. Fannie Mae's Cotton Club welcomed everyone, regardless of his or her race.

people were black. Fannie opened her doors wide and put up a new sign that read:

Everybody Welcome

Not everyone was happy about Fannie's welcoming sign. Segregation was still the law of the land, and one day, Police Chief Irvin "Dad" Bruce called Fannie into his office. He looked her in the eye, and their conversation went something like this:

"Is it true there are blacks and whites and people of all colors mixing in your club?" Dad Bruce asked.

"Yes," she said, eyeing him right back. "They're in there mixing, and they're happy."

"You can't be mixing colors, Fannie Mae. You hear?" He ordered her to stop allowing white folks in the Cotton Club at once.

Fannie thought this was **ironic** because,

Courtesy Special Collections, Pikes Peak Library District, 099-10720. Lew Tilley, photographer

Jazz was not the only music played at the Cotton Club. Famous musicians, such as B. B. King and Bo Diddley, performed a kind of music called the blues. Some of the first rock 'n' roll stars, such as Little Richard, also came to perform at the Cotton Club.

across the country, black people were turned away from shops, restaurants, and lunch counters. They were arrested, beaten, and in some cases killed, fighting for their **civil rights**, their right to be treated equally. Here she was, standing up for the civil rights of white people to visit her nightclub.

"Well," Fannie told the police chief. "I think all those people know their **constitutional rights**." If he insisted that Fannie turn away the white folks, she told him

Musicians who performed at the Cotton Club sometimes improvised, which means they made up the music as they played.

he had better be ready to back her up.

Fannie left Chief Bruce's office feeling disappointed. Was her dream over? How could she turn away good, paying customers? An hour later, the phone rang. It was Chief Bruce, and he had changed his mind.

"Go ahead and run your business, Fannie," he said. "Everyone," he added, "*was* welcome."

A Big Move

From then on, Chief Bruce and Fannie Mae were great friends. Fannie became a **civic leader**, as well as a business leader. She continued to push for equal rights for African Americans in her own unique way.

Fannie Mae was angry that some of the most famous musicians in the world could not stay at "whites only" Colorado Springs'

Fannie Mae's house had more than 40 guest rooms where musicians stayed after performing in the Cotton Club. Because of segregation, black musicians were not allowed to stay in "white only" hotels.

Fannie Mae decorated her new mansion as nicely as the large homes she cleaned as a young maid when she first came to Colorado Springs.

hotels. Black musicians would play to sold-out crowds at the Cotton Club, then have to drive all the way to Denver to get hotel rooms. Fannie solved this problem. She bought a three-story mansion with 43 rooms. She had workers cut it into three pieces and move it across town. Her plan was to put it back together on a lot near the Cotton Club and have a grand home for herself with enough room for visiting musicians to stay as guests.

However, as movers drove the house down the busiest street in Colorado Springs, everything came to a stop. The police would not let the movers continue until Fannie paid for a city **permit**. The movers got out of their trucks and left Fannie's giant house in the middle of the street! Traffic had to drive around the house for three weeks while Fannie waited for the permit. The move cost Fannie $6,200, but she got her mansion moved.

Fannie was an influential woman in her community. She never forgot the poor and sick. She raised money to fight **polio** and birth defects in children. She donated food and clothing to those who could not afford them. Once she even paid off a **mortgage** so a widow and her children could stay in their home.

However, Fannie's life was not without hardship. Her only child, a baby girl, died at birth. Her husband died when he was only 42 years old. Fannie Mae had to close the Cotton Club in 1975 and eventually lost the building when the city tore it down to make way for modern buildings.

Through it all, Fannie Mae never lost her determination to be happy and successful. She lived to be an old woman. She left Colorado Springs in 1981 and went to live with family members in Denver. She died there on September 13, 2005. One of the last things she said before she left Colorado Springs, as she looked out the window of her mansion at the gray sky, was, "Now ain't this weather something? I really hope the sun is shining the day I leave."

And so it was.

Questions to Think About

- Why did Police Chief Bruce change his mind about allowing white customers into the Cotton Club?

- Could Fannie Mae have opened the doors of the Cotton Club to people of all races if she had lived in a place different than Colorado Springs? Why or why not?

- Compare your life growing up to Fannie's. How is it the same? How is it different?

- What character traits in Fannie allowed her to accomplish what she did?

Questions for Young Chautauquans

- Why am I (or should I be) remembered in history?

- What hardships did I face, and how did I overcome them?

- What is my historical context (what else was going on in my time)?

Glossary

Antibiotics: medicines used to kill bacteria that cause infections.

Bandstand: a platform in a nightclub on which musicians perform.

Blues: jazz or popular songs that have sad words.

Burrs: rough or prickly parts of a plant that can stick to clothes or fur.

Cisterns: tanks for holding water.

City hall: the building where city workers and leaders meet and work.

City manager: the person in charge of all city workers.

Civic leader: an important person in a city or town.

Civil rights: the individual rights that all members of a democratic society have to equal treatment under the law.

Constitutional rights: the rights guaranteed to every citizen by the constitution of the United States.

Discrimination: treating others unfairly because of their race or something else about them that they cannot change.

Forbidden: not allowed to be done.

Historians: people who study or write about history.

Improvisation: making something up as you are doing it.

Ironic: something that is said (or happens) that is the opposite of what is expected.

License: permission granted by an authority to do something or a document showing that permission has been granted.

Mortgage: a loan of money from a bank used to buy a house.

Permit: a document from a government that states what the permit holder can do.

Polio: an infectious disease that often caused paralysis and wasting of muscles.

Races: the groups that human beings are divided into depending on their physical appearances, such as the color of their skin.

Segregation: keeping people of different races apart from each other.

Symphony: a long piece of music written for a full orchestra.

Unique: being the only one of its kind.

Timeline

1918
Fannie Mae (Bragg) Duncan was born in Luther, Oklahoma.

1926
Fannie's father died.

1933
The Bragg family moved to Colorado Springs.

1938
Fannie Mae graduated from high school.

1939
Fannie Mae married Edward Duncan.

Timeline

1948
Fannie Mae opened her first restaurant.

1949–1955
Fannie Mae opened more businesses.

1975
The Cotton Club closed after 20 years in business.

1981
Fannie Mae moved to Denver.

2005
Fannie Mae Duncan died at the age of 87.

Bibliography

Barber, Joe. "Fannie Mae's Not Singing the Blues." *Colorado Springs Gazette Telegraph*, August 1981.

Community Video Center of the Pikes Peak Library District. *Everybody Welcome: The Story of Fannie Mae Duncan and the Cotton Club.* Made available by the Western History and Genealogy Department of the Denver Pubic Library.

Duncan, Fannie Mae, with Kathleen Esmiol. *Everybody Welcome: A Memoir of Fannie Mae Duncan and the Cotton Club.* Manuscript in Special Collections, Pikes Peak Library District, Colorado Springs, Colorado.

Esmiol, Kathleen. "Chasing the American Dream: The Story of Fannie Mae Duncan and the Cotton Club." In *Enterprise and Innovation in the Pikes Peak Region*, 297–335. Colorado Springs, Colorado: Pikes Peak Library District, 2011.

Sams, Norman, and Brenda Hawley. Oral Interview of Fannie Mae Duncan, March 10, 1972. Pikes Peak Library District Special Collections OH 007 Box 1 Folder 15.

Turner, Leslie. Interview of Fannie Mae Duncan, April 30, 1979. Pikes Peak Library District Special Collections OH 007 Box 1 Folder 15.

Timeline / Bibliography

Index

About This Series

In 2008 Colorado Humanities and Denver Public Schools' Social Studies Department began a partnership to bring Colorado Humanities' Young Chautauqua program to DPS and to create a series of biographies of Colorado historical figures written by teachers for young readers. The project was called Writing Biographies for Young People. Filter Press joined the effort to publish the biographies in 2010 under the series title Great Lives in Colorado History.

The volunteer teacher-writers committed to research and write the biography of a historic figure of their choice. The teacher-writers learned from Colorado Humanities Young Chautauqua speakers and authors and participated in a four-day workshop that included touring three major libraries in Denver: The Stephen H. Hart Library and Research Center at History Colorado, the Western History and Genealogy Department in the Denver Public Library, and the Blair-Caldwell African American Research Library. To write the biographies, they used the same skills expected of students: identify and locate reliable sources for research, document those sources, and choose appropriate information from the resources.

The teachers' efforts resulted in the publication of thirteen biographies in 2011 and twenty in 2013. With access to the full classroom set of age-appropriate biographies, students will be able to read and research on their own, learning valuable research and writing skills at a young age. As they read each biography, students will gain knowledge and appreciation of the struggles and hardships overcome by people from our past, the time period in which they lived, and why they should be remembered in history.

Knowledge is power. The Great Lives in Colorado History biographies will help Colorado students know the excitement of learning history through the life stories of heroes.

Information about the series can be obtained from any of the three partners:

Filter Press at www.FilterPressBooks.com
Colorado Humanities at www.ColoradoHumanities.org
Denver Public Schools at curriculum.dpsk12.org

Acknowledgments

Colorado Humanities and Denver Public Schools acknowledge the many contributors to the Great Lives in Colorado History series. Among them are the following:

The teachers who accepted the challenge of writing the biographies

Dr. Jeanne Abrams, Director of the Rocky Mountain Jewish Historical Society and Frances Wisebart Jacobs subject expert

Paul Andrews and Nancy Humphry, Felipe and Dolores Baca subject experts

Dr. Anne Bell, Director, Teaching with Primary Sources, University of Northern Colorado

Analía Bernardi, Spanish Translator, Denver Public Schools

Mary Jane Bradbury, Colorado Humanities Chautauqua speaker and Augusta Tabor subject expert

Joel' Bradley, Project Coordinator, Denver Public Schools

Sue Breeze, Colorado Humanities Chautuaqua speaker and Katharine Lee Bates subject expert

Betty Jo Brenner, Program Coordinator, Colorado Humanities

Tim Brenner, editor

Margaret Coval, Executive Director, Colorado Humanities

Michelle Delgado, Elementary Social Studies Coordinator, Denver Public Schools

Jennifer Dewey, Reference Librarian, Denver Public Library, Western History Genealogy Department

Jen Dibbern and Laura Ruttum Senturia, Stephen H. Hart Library and Research Center, History Colorado

Coi Drummond-Gehrig, Digital Image Sales and Research Manager, Denver Public Library

Susan Marie Frontczak, Colorado Humanities Chautauqua
speaker and Young Chautauqua coach
Tony Garcia, Executive Artistic Director of El Centro Su
Teatro and Rodolfo "Corky" Gonzales subject expert
Melissa Gurney, City of Greeley Museums, Hazel E. Johnson
Research Center
Jim Havey, Producer/Photographer, Havey Productions,
Denver, Colorado
Josephine Jones, Director of Programs, Colorado Humanities
Beth Kooima, graphic designer, Kooima Kreations
Jim Kroll, Manager, Western History and Genealogy
Department, Denver Public Library
Steve Lee, Colorado Humanities Chautauqua speaker and
Otto Mears subject expert
April Legg, School Program Developer, History Colorado,
Education and Development Programs
Nelson Molina, Spanish language editor and translation
consultant
Terry Nelson, Special Collection and Community Resource
Manager, Blair-Caldwell African American Research
Library and Fannie Mae Duncan subject expert
Jessy Randall, Curator of Special Collections, Colorado
College, Colorado Springs, Colorado
Elma Ruiz, K–5 Social Studies Coordinator, Denver Public
Schools, 2005–2009
Keith Schrum, Curator of Books and Manuscripts, Stephen H.
Hart Library and Research Center, History Colorado
William Thomas, Pike Peak Library District
Danny Walker, Senior Librarian, Blair-Caldwell African
American Research Library
Dr. William Wei, Professor of History, University of Colorado,
Boulder, and Chin Lin Sou subject expert

About the Author

Angela Dire teaches first grade in Denver Public Schools. Before becoming a teacher, she worked as a reporter for the *Gazette* newspaper in Colorado Springs, where she met Fannie Mae Duncan. Dire lives in Denver with her husband and two children.

Fannie Mae Duncan

Empresaria

Fannie Mae Duncan

Empresaria

por Angela Dire

Filter Press, LLC
Palmer Lake, Colorado

Fannie Mae Duncan
por Angela Dire

A Kathleen Esmiol, maestra y narradora, cuyo profundo y
meticuloso manuscrito sobre la vida de Fannie Mae Duncan
hizo posible crear esta historia para los niños.

ISBN: 978-0-86541-159-3
LCCN: 2013947111

Producido con el apoyo de la organización Colorado Humanities y
el fondo National Endowment for the Humanities. Las opiniones,
hallazgos, conclusiones o recomendaciones expresadas en la presente
publicación no necesariamente representan los de la organización
Colorado Humanities o los del fondo National Endowment for the
Humanities.

Foto de portada cortesía de Colecciones Especiales, biblioteca Pikes Peak
Library District, 099-10709. Lew Tilley, fotógrafo

Impreso en los Estados Unidos de América

Publicado por Filter Press, LLC, en cooperación con
las Escuelas Públicas de Denver y la organización
Colorado Humanities.

Grandes vidas de la historia de Colorado

Contenido

Fannie Mae Duncan, 1918–2005

Una joven decidida

Un grillo es una cosita muy pequeñita, ¡pero cómo canta! Para una niña pequeña que vivía en una granja en el polvoriento estado de Oklahoma, las voces de los grillos en la noche sonaban como una **sinfonía**.

Fannie Mae Bragg Duncan se preguntaba cómo un insecto tan pequeñito podía producir un sonido tan hermoso. Su padre le explicó que Dios les había dado a los grillos un talento especial. Cuando estos frotan sus alas, producen un sonido similar al de un violín.

Fannie Mae se quedó pensando en ello. Ella no tenía alas como un grillo, pero tal vez si frotaba un pie contra la otra pierna tan fuerte como pudiera, podría hacer música también. Se puso de pie y lo intentó, pero no se escuchó música.

Esto hizo reír a su padre, quien le dijo que eso no funcionaba con las personas, sino solo

con los grillos.

Fannie Mae siguió pensándolo un poco más. Ahora bien, si ella no podía hacer música, entonces atraparía un grillo y este haría música para ella.

Al papá no le cabía duda alguna de que Fannie Mae podía atrapar grillos o hacer lo que se propusiera. La niña sencillamente no aceptaba un "no" por respuesta. Tenía "agallas", un tipo especial de determinación, y no temía a los desafíos. Resultó que el papá tenía razón. Fannie Mae lograría cosas increíbles una vez adulta. A pesar de que no podía entonar ni una nota, hizo llegar la música a todas las personas, independientemente de su forma, su tamaño o su color de piel.

Una mentalidad empresarial

Las sinfonías de los grillos y las luciérnagas iluminaban por la noche el cielo y los campos de algodón hasta donde Fannie Mae podía ver. Criarse en la granja de su padre con seis hermanos y hermanas resultó ser una aventura para Fannie Mae.

Nació el 5 julio de 1918 en el pueblo de Luther, Oklahoma. La ciudad más cercana se encontraba a millas de distancia. Todos los caminos eran de tierra y por allí circulaban los automóviles haciendo runrún sobre sus ruedas gigantes. Todos los vecinos compartían la misma línea telefónica y podían escuchar las conversaciones de los demás cuando levantaban el auricular. El sistema se llamaba "party line" o multiconferencia pero no era tan divertido como parece. Una persona podía llegar a aguardar horas hasta que le tocara el

turno para llamar. Las casas tenían **cisternas** con bombas a mano para extraer el agua y faroles de petróleo y velas para obtener luz. Fannie Mae se trepaba a los robles y jugaba al tejo para divertirse. Mientras mamá y papá y sus hermanos mayores recogían algodón en los campos, Fannie Mae, junto con su hermano y su hermana menores, dibujaba con un palito en un pedazo de tierra colorada durante horas.

Cuando Fannie Mae Duncan empezó la escuela, ya había aprendido todas las letras del alfabeto, aunque en el orden incorrecto. Su maestra intentó corregir esto, pero Fannie Mae insistía con obstinación en que ella se había hecho su propio alfabeto y que no veía por qué era necesario aprender las letras "como las enseñaban los maestros". Incluso, ¡comenzó a enseñarles a los otros niños su alfabeto inventado! Ese día luego de la escuela, la maestra habló con los padres y les dijo que Fannie Mae tenía todas las cualidades de una verdadera líder, pero que de todos modos

necesitaba aprender el alfabeto en el orden correcto. El papá se encargó de que así fuera, en una noche.

El padre de Fannie Mae era un arrendatario, es decir, que pagaba alquiler para usar la tierra que trabajaba. Cultivaba uvas, ciruelas, cerezas y peras. También cultivaba maíz de tallos altos, manzanas crujientes y jugosas sandías. Ganaba la mayor parte de su dinero cultivando algodón. Ah, cómo le desagradaba a Fannie Mae recoger algodón. Le parecía que las filas de las plantas de algodón eran muy rectas y aburridas. Además, la hacían sentir como las hormiguitas trabajadoras que veía transportando sus cargas por la tierra colorada. Cuando Fannie Mae arrancaba el algodón de las plantas, los **abrojos** que crecen alrededor del algodón suave y esponjoso le pinchaban los dedos. Recoger algodón era doloroso y Fannie Mae le dijo a su papá que no lo haría.

En una familia de siete hijos, Fannie Mae estaba justo en el medio en cuanto a edad ¡y por lo general también en medio de cualquier problema que surgía! Su papá debía tener alguna debilidad por ella en algún rincón de su corazón porque no le insistió en que recogiera algodón. En vez de ello, la llevó con él al puesto que tenía a la orilla del camino donde vendía frutas y verduras. Los conductores se detenían para comprar "solo unas manzanas", pero antes de que se percataran, Fannie Mae ya los había convencido de que compraran maíz, porotos y tomates rojos. Parecía tener talento para vender. Hasta que Fannie Mae empezó a trabajar en el puesto, nunca había visto una moneda o un billete, pero en poco tiempo ya sabía sumarlos y dar cambio.

Fannie tenía "mentalidad empresarial", es decir, que tenía un talento natural para los negocios.

La gran pérdida
de Fannie

Cuando Fannie Mae crecía, el simple día a día podía ser peligroso. El año en que nació, un virus de gripe mató a millones de personas en todo el mundo. Los médicos no sabían tanto como ahora sobre enfermedades y dolencias, ni tenían los medicamentos potentes que existen actualmente para que se mejoren los enfermos. Fannie Mae vivía una infancia muy feliz y despreocupada como para afligirse por los enfermos, hasta un frío día de noviembre cuando su vida cambió por completo.

Ese día, su mamá estaba preocupada. Era tarde y nevaba. El padre aún no había regresado del pueblo. De pronto, alguien tocó a la puerta. Un hombre había visto el automóvil de su padre averiado en una zanja. El padre estaba herido y su brazo sangraba

mucho. No tenían nada con qué envolverle el brazo, salvo un trapo viejo y sucio. Rápidamente, la madre acostó al padre en la cama y llamó al médico.

Los días pasaban y su padre empeoraba. El brazo se le había infectado con microbios. Si esto hubiese sucedido en nuestros días, al padre le habrían dado medicamentos especiales llamados **antibióticos** para matar los microbios. Cuando Fannie Mae era una niña, las personas no contaban con antibióticos, y su papá continuaba en cama cada vez más enfermo. El Día de Acción de Gracias de 1926, falleció.

Fannie Mae quedó sumamente triste y abatida. Sin embargo, siguió yendo al puesto a la orilla del camino para vender frutas y verduras de la forma que le habría gustado a su padre. Sabía cómo contar y dar cambio y empleaba sus mejores buenos modales. Lo único que la hacía sentirse un poco mejor era realizar una venta.

Siete años después de la muerte de su padre, la madre de Fannie Mae tuvo que renunciar a la granja. Simplemente era demasiado difícil administrar una granja y al mismo tiempo cuidar a los hijos. La hermana mayor de Fannie vivía en una ciudad llamada Colorado Springs y le suplicó a la familia que se fuera a vivir allí. La ciudad ofrecía buenos trabajos y oportunidades.

En 1933, la familia empacó sus cosas en una camioneta vieja y oxidada y se dirigió al oeste.

Una nueva vida en Colorado

En los años treinta la vida era particularmente difícil para muchas personas negras. A pesar de que la esclavitud había sido abolida años antes de que naciera Fannie Mae, aun así ella debió enfrentar la **discriminación**. Ella no era una esclava, como lo habían sido sus abuelos, pero la vida seguía siendo injusta en muchos aspectos. En ciertos lugares de los Estados Unidos, los niños negros tenían **prohibido** ir a la escuela junto con los niños blancos. Las familias negras vivían lejos de las blancas en vecindarios separados y no se les permitía comprar en las mismas tiendas o comer en los mismos restaurantes, ni tampoco incluso beber de los mismos bebederos de agua que las personas blancas. Esta vida dura y paralela para los afroamericanos se denominó **segregación**.

Fannie Mae asistía a la escuela con niños de todas las razas. En el país, la mayoría de los niños negros y blancos iban a escuelas separadas.

☞ *Fannie Mae Duncan* 11

En Colorado Springs, las cosas eran un poco diferentes. Todos los niños asistían a la misma escuela juntos. Por primera vez en su vida, Fannie tenía amigos de distintas **razas**. Jugaba con sus vecinos de habla hispana y se había hecho amiga de niños blancos. A Fannie le encantaba la escuela y se convirtió en una de las estudiantes más entusiastas en la escuela preparatoria Palmer High School. Nunca olvidó cómo falleció su padre. Soñaba con ir a una institución de educación superior y convertirse en enfermera para salvar la vida de personas como él.

No resultó ser así. A pesar de que todos los integrantes de la familia tenían dos o tres trabajos, ya fuera lavando platos, limpiando casas o sirviendo comida, no les alcanzaba el dinero para que Fannie fuera a la universidad. Esto la desilusionó un poco, aunque no por mucho tiempo. En 1939, se casó con un hombre llamado Ed Duncan y juntos pasaron a formar un equipo. Igual que aquella lejana

noche en que se empeñó en cantar como los grillos, ahora también se dispuso rápidamente a perseguir un nuevo sueño.

Ganando dinero

Colorado Springs era un lugar donde vivían muchos soldados provenientes de todo el país. Estos vivían en una base militar llamada Fort Carson. Era como una pequeña ciudad con su propia tienda donde los soldados podían hacer sus compras. Fannie consiguió trabajo sirviendo helados en la tienda; los soldados se apiñaban alrededor del bebedero para comprarle *banana splits*. Su jefe no tardó en darse cuenta de que tenía talento para los negocios. Pronto fue ascendida a asistente de gerencia, y luego a encargada. Fannie reflexionaba—"si podía ganar esa cantidad de dinero para ellos, del mismo modo debería poder ganarlo para mí".

Sabía que podía ganar dinero si abría su propio restaurante, pero había un problema, un gran problema. Necesitaba una **licencia** especial de la ciudad de Colorado Springs.

Fue hasta el **municipio** y le dijo a la persona a cargo lo que quería hacer.

El **alcalde** Earl Mosley la miró como si estuviera loca. ¿Quién era esta joven que se creía capaz de administrar su propio negocio? La mayoría de los propietarios de negocios de la ciudad eran hombres blancos. Las mujeres, al igual que los afroamericanos, enfrentaban la discriminación cuando procuraban emprender negocios y obtener buenos trabajos. El alcalde no le daría la licencia. Fannie Mae no aceptaría un "no" como respuesta, de modo que todos los días a las 3:30 p.m., se presentaba en la oficina del Sr. Mosley y le insistía en que cambiara de opinión y le permitiera comprar la licencia comercial. El Sr. Mosley finalmente aceptó. Fannie Mae Duncan había emprendido su negocio.

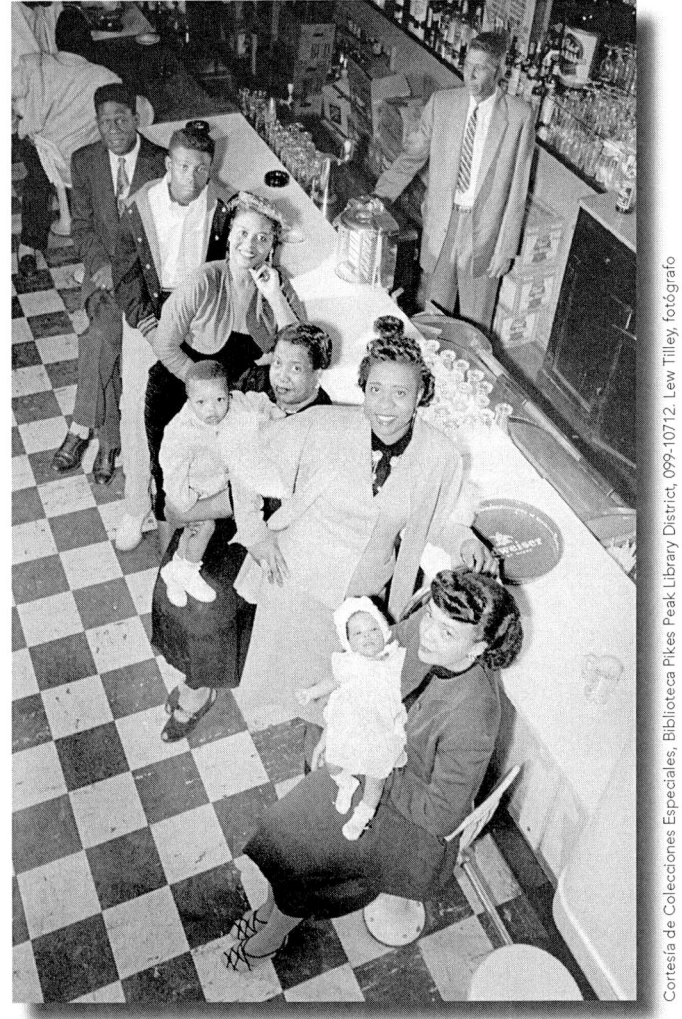

Fannie Mae recibió mucha ayuda de su familia. Sus hermanos, hermanas, sobrinas y sobrinos trabajaron en su cafetería. Su esposo, Ed, fue su socio en sus negocios, incluido el Cotton Club.

16 *Fannie Mae Duncan* ☙

Todos son bienvenidos

Pronto Fannie Mae era la propietaria de no solo un negocio, sino de una cuadra entera de comercios. Debido a la segregación, los afroamericanos tenían prohibido comprar y comer en las tiendas y restaurantes que eran "únicamente para los blancos" de Colorado Springs. Fannie Mae abrió una tienda de regalos, una tienda de música, una peluquería, una barbería y una cafetería para afroamericanos y otras personas de color. Los comercios tuvieron un éxito rotundo.

Aun así, Fannie Mae esperaba abrir incluso más negocios. Observaba que la época y las actitudes estaban cambiando. En las grandes ciudades, blancos y negros frecuentaban los mismos elegantes clubes nocturnos para escuchar un increíble género musical llamado jazz.

El jazz fue creado originalmente por músicos negros que habían crecido escuchando las canciones que habían traído los esclavos africanos a los Estados Unidos. Estos músicos mezclaron la música africana con la música europea y la **improvisación** a fin de crear un sonido **único** para los Estados Unidos. De hecho, algunos **historiadores** creen que el jazz es uno de los aportes artísticos más importantes que han hecho los Estados Unidos a la humanidad.

Fannie Mae pensaba que si en la ciudad de Nueva York, en Los Ángeles y en Denver había clubes nocturnos donde se tocaba jazz, ¿por qué no podía haber uno en Colorado Springs? Abrió un elegante club nocturno donde las personas de cualquier color de piel podían comer, beber y bailar mientras escuchaban a los mejores músicos del país.

Puso a su esposo y a su hermano a trabajar y estos comenzaron a martillar y serruchar en el amplio salón que había subiendo las

escaleras de la cafetería. Construyeron un amplio **escenario** y Fannie compró un costoso piano. Colgó un letrero de neón de veinte pies en la entrada que decía:

Cotton Club
Presenta
Dos Magníficos Espectáculos por Noche
Cena   Baile

Pronto, el club nocturno de Fannie Mae estaba colmado de clientes contentísimos.

A principios de los años ochenta, el Cotton Club fue derribado y en su lugar se construyó un edificio alto.

Muchos músicos famosos, incluido Louis
"Pops" Armstrong y Count Basie, tocaban en
el escenario casero y la conmovedora Billie
Holiday cantaba sus canciones de **blues**.
Los músicos que tocaban en el local de
Fannie ahora aparecen en los libros de
historia.

En ocasiones, Fannie observaba que se
acercaba gente blanca y husmeaba por la

*El Cotton Club de Fannie Mae fue bautizado así en
homenaje a un famoso club nocturno de la ciudad de
Nueva York. Cuando el famoso Cotton Club de Nueva
York abrió por primera vez, los afroamericanos trabajaban
allí pero no se les permitía entrar como clientes. El Cotton
Club de Fannie Mae admitía a todas las personas,
independientemente de su raza.*

ventana preguntándose si serían bienvenidos en un club nocturno en el que la mayoría de las personas eran negras. Fannie abrió las puertas y colgó un letrero que decía:

Todos son bienvenidos

No todos estaban contentos con el letrero de bienvenida de Fannie. La segregación era todavía una ley vigente en el país, y un día

El jazz no era la única música que se tocaba en el Cotton Club. Músicos famosos, como B. B. King y Bo Diddley interpretaban un tipo de música que se llamaba blues. Algunas de las primeras estrellas de rock, como Little Richard, también iban a tocar al Cotton Club.

el jefe de policía Irvin "Papá" Bruce llamó a Fannie para que se presentara en su oficina. La miró a los ojos y su conversación fue más o menos la siguiente:

"¿Es verdad que en tu club se juntan blancos, negros y personas de cualquier color de piel?", preguntó Papá Bruce.

"Sí, dijo ella", devolviéndole la mirada. "Están ahí todos juntos y se sienten felices".

"No puedes mezclar a las personas con distinto color de piel, Fannie Mae. ¿Está claro?" Le ordenó que dejara de admitir personas blancas en el Cotton Club de inmediato.

A Fannie esto le resultó **irónico** porque en todo el país eran los negros quienes no podían entrar a tiendas, restaurantes ni restaurantes de almuerzo. Además, solían ser arrestados, golpeados, y en algunos casos asesinados, cuando luchaban por sus **derechos civiles**, es decir, el derecho a ser tratados con igualdad. Allí estaba ella ahora, defendiendo

los derechos civiles de los blancos para que pudieran entrar a su club nocturno.

"Bueno,—le dijo Fannie al jefe de policía—creo que todas esas personas conocen sus **derechos constitucionales**". Fannie le dijo que si insistía en que ella no admitiera gente blanca, mejor que se preparara para respaldarla.

Los músicos que interpretaban en el Cotton Club a veces improvisaban, es decir, que inventaban la música a medida que tocaban.

Fannie se fue de la oficina del jefe Bruce con un sentimiento de desilusión. ¿Se había acabado su sueño? ¿Cómo podía rechazar a

clientes que pagaban bien? Una hora después sonó el teléfono. Era el jefe Bruce que había cambiado de parecer.

"Sigue adelante con tu negocio, Fannie", le dijo. "Todos—añadió—*eran* bienvenidos".

Una gran mudanza

A partir de entonces, el jefe Bruce y
Fannie Mae fueron grandes amigos. Fannie
se convirtió en una **líder cívica** y en una
líder empresarial. Continuó promoviendo
la igualdad de los derechos civiles para los
afroamericanos de una manera original.

A Fannie Mae le disgustaba que algunos
de los músicos más famosos del mundo no

*La casa de Fannie Mae tenía más de cuarenta habitaciones
para huéspedes donde los músicos se podían quedar luego
de sus presentaciones en el Cotton Club. Debido a la
segregación, los músicos negros no podían quedarse en hoteles
para "blancos únicamente".*

Fannie Mae decoró su nueva mansión con el mismo buen gusto de las casas que solía limpiar cuando era una joven empleada doméstica recién llegada a Colorado Springs.

pudieran quedarse en los hoteles que eran "únicamente para los blancos" de Colorado Springs. Los músicos negros tocaban para espectadores que habían agotado las entradas del Cotton Club y luego tenían que conducir hasta Denver para conseguir habitaciones de hotel. Fannie solucionó este problema. Compró una mansión de tres pisos con 43 habitaciones. Contrató obreros para que la cortaran en tres partes y la mudaran al otro lado de la ciudad. Su plan era reconstruirla

en una parcela cerca del Cotton Club y tener una casa amplia para ella, así como suficiente espacio para que los músicos visitantes se quedaran como huéspedes.

No obstante, mientras la compañía de mudanza transportaba la casa por la calle más transitada de Colorado Springs, todo tuvo que detenerse. La policía no iba a permitir que la compañía de mudanza siguiera adelante hasta que Fannie pagara un **permiso** de la ciudad. Los de la mudanza se bajaron de sus camiones ¡y dejaron la casa gigante de Fannie en el medio de la calle! El tránsito tuvo que hacer una vuelta alrededor de la casa durante tres semanas mientras Fannie esperaba el permiso. La mudanza le costó 6 mil 200 dólares a Fannie, pero logró que le trasladaran la mansión.

Fannie era una mujer influyente en su comunidad. Nunca se olvidó de los pobres y los enfermos. Recaudaba dinero para luchar contra la **poliomielitis** y los defectos

de nacimiento en los niños. Donaba ropa y comida a quienes no tenían dinero para costearlas. En una ocasión, incluso saldó una **hipoteca** para que una viuda y sus hijos pudieran quedarse en la casa.

Sin embargo, la vida de Fannie no transcurrió sin atravesar momentos difíciles. Su única hija, una niña, falleció al nacer. Su esposo falleció cuando tenía solo 42 años de edad. En 1975, Fannie Mae tuvo que cerrar el Cotton Club y finalmente perdió el edificio cuando la ciudad lo derrumbó para dar lugar a edificios modernos.

A pesar de todo esto, Fannie Mae nunca perdió su determinación para tener éxito y ser feliz. Vivió hasta llegar a ser una anciana. En 1981, se fue de Colorado Springs a vivir con familiares en Denver. Allí falleció el 13 de septiembre de 2005. Una de las cosas que dijo antes de irse de Colorado Springs mientras miraba el cielo gris desde la ventana de su

mansión fue: "¿no es increíble este clima? De verdad, espero que el sol brille el día que me vaya".

Y así fue.

Preguntas para reflexionar

- ¿Por qué el jefe de policía Bruce cambió de parecer acerca de permitir la entrada de clientes blancos al Cotton Club?

- ¿Fannie Mae habría podido abrir las puertas del Cotton Club a gente de cualquier raza si hubiera vivido en otro lugar que no fuera Colorado Springs? ¿Por qué?

- Realiza una comparación entre tu infancia y la de Fannie. ¿En qué se parecen? ¿En qué se diferencian?

- ¿Qué rasgos de la personalidad de Fannie le permitieron alcanzar sus logros?

Preguntas para los integrantes del programa Young Chautauqua

- ¿Por qué se me recuerda (o se me debería recordar) en la historia?

- ¿Qué dificultades enfrenté y cómo las superé?

- ¿Cuál es mi contexto histórico (qué otras cosas sucedían en mi época)?

Glosario

Abrojos: partes de una planta ásperas o con espinas que se adhieren a la ropa o a las pieles.

Alcalde: persona a cargo de todos los funcionarios del municipio.

Antibióticos: medicamentos que se utilizan para matar las bacterias que causan infecciones.

Blues: canciones populares o de jazz que contienen palabras tristes.

Cisternas: tanques para almacenar agua.

Derechos civiles: los derechos individuales que tienen todos los integrantes de una sociedad democrática a que se los trate con igualdad de acuerdo con la ley.

Derechos constitucionales: derechos garantizados a cualquier ciudadano de acuerdo con la constitución de los Estados Unidos.

Discriminación: práctica que consiste en tratar a otros injustamente debido a su raza o a alguna otra característica que no pueden cambiar.

Escenario: plataforma en un club nocturno donde tocan los músicos.

Hipoteca: préstamo de dinero de un banco que se utiliza para comprar una casa.

Historiadores: personas que estudian o escriben sobre historia.

Improvisación: hacer algo inventándolo a medida que se hace.

Irónico: algo que se dice (o sucede) y que es lo opuesto a lo que se espera.

Licencia: permiso otorgado por una autoridad para hacer algo o un documento que demuestra que se ha otorgado una autorización.

Líder cívica: persona importante en un pueblo o ciudad.

Municipio: edificio donde se reúnen y trabajan los líderes y funcionarios que realizan tareas para la ciudad.

Permiso: documento de una autoridad del gobierno que establece lo que puede hacer una persona con lo que posee.

Poliomielitis: enfermedad infecciosa que a menudo ocasiona atrofia y parálisis de los músculos.

Prohibido: que no se permite hacer.

Razas: grupos en que se dividen los seres humanos según su aspecto físico, como el color de la piel.

Segregación: mantener separadas a las personas de distintas razas.

Sinfonía: pieza musical extensa compuesta para una orquesta completa.

Único: solo y que no existe otro de su clase.

Línea cronológica

1918
Nace Fannie Mae (Bragg)
Duncan en Luther,
Oklahoma.

1926
Fallece el padre de Fannie.

1933
La familia Bragg se muda
a Colorado Springs.

1938
Fannie Mae se gradúa
de la escuela preparatoria.

1939
Fannie Mae se casa
con Edward Duncan.

Línea cronológica

1948
Fannie Mae abre su
primer restaurante.

1949–1955
Fannie Mae abre más
comercios.

1975
Cierra el Cotton Club
luego de veinte años
de actividad.

1981
Fannie Mae se muda a
Denver.

2005
Fannie Mae Duncan
fallece a los 87 años de edad.

Bibliografía

Barber, Joe. "Fannie Mae's Not Singing the Blues". *Colorado Springs Gazette Telegraph*, agosto de 1981.

Videoteca comunitaria de la biblioteca Pikes Peak Library District. *Everybody Welcome: The Story of Fannie Mae Duncan and the Cotton Club.* Disponible gracias al Departamento de Genealogía e Historia Occidental de la biblioteca Denver Public Library.

Duncan, Fannie Mae, con Kathleen Esmiol. *Everybody Welcome: A Memoir of Fannie Mae Duncan and the Cotton Club.* Manuscrito en Colecciones Especiales, biblioteca Pikes Peak Library District, Colorado Springs, Colorado.

Esmiol, Kathleen. "Chasing the American Dream: The Story of Fannie Mae Duncan and the Cotton Club". En *Enterprise and Innovation in the Pikes Peak Region*, 297–335. Colorado Springs, Colorado: Pikes Peak Library District, 2011.

Sams, Norman y Brenda Hawley. Entrevista a Fannie Mae Duncan, 10 de marzo de 1972. Colecciones Especiales de la biblioteca Pikes Peak Library District, OH 007, caja 1, carpeta 15.

Turner, Leslie. Entrevista a Fannie Mae Duncan, 30 de abril de 1979. Colecciones Especiales de la biblioteca Pikes Peak Library District, OH 007, caja 1, carpeta 15.

Índice

Acerca de esta serie

En 2008, la organización Colorado Humanities y el Departamento de Estudios Sociales de las Escuelas Públicas de Denver se asociaron a fin de implementar el programa Young Chautauqua de Colorado Humanities en las Escuelas Públicas de Denver y crear una serie de biografías sobre personajes históricos de Colorado, escritas por maestros para jóvenes lectores. El proyecto se denominó "Writing Biographies for Young People". Filter Press se sumó al proyecto en 2010 para publicar las biografías en una serie que se tituló "Grandes vidas en la historia de Colorado".

Los autores voluntarios, maestros de profesión, se comprometieron a investigar y escribir la biografía de un personaje histórico de su elección. Se informaron sobre el programa Young Chautauqua de Colorado Humanities a través de sus portavoces y participaron en un taller de cuatro días que incluyó el recorrido por tres importantes bibliotecas de Denver: el centro de investigación Stephen H. Hart Library and Research Center en el centro History Colorado, el Departamento de Genealogía e Historia Occidental de la biblioteca Denver Public Library y la biblioteca Blair-Caldwell African American Research Library. Para escribir las biografías, emplearon las mismas destrezas que se espera de los estudiantes: la identificación y localización de recursos confiables para la investigación, la documentación de dichos recursos y la elección de información adecuada a partir de ellos.

El resultado del esfuerzo de los maestros fue la publicación de trece biografías en 2011 y veinte en 2013. Al tener acceso a la colección curricular completa de las biografías elaboradas acorde a su edad, los estudiantes podrán leer e investigar por sus propios medios y aprender valiosas habilidades de escritura e investigación a temprana edad.

Con la lectura de cada biografía, los estudiantes adquirirán conocimientos y aprenderán a valorar las luchas y vicisitudes que superaron nuestros antepasados, la época en la que vivieron y por qué deben ser recordados en la historia.

El conocimiento es poder. Las biografías de la serie "Grandes vidas en la historia de Colorado" ayudarán a que los estudiantes de Colorado descubran lo emocionante que es aprender historia a través de las vidas de sus héroes.

Se puede obtener información sobre la serie a través de cualquiera de los tres socios:

Filter Press en www.FilterPressBooks.com
Colorado Humanities en www.ColoradoHumanities.org
Escuelas Públicas de Denver en curriculum.dpsk12.org/

Reconocimientos

La organización Colorado Humanities y las Escuelas Públicas de
Denver agradecen a las numerosas personas que contribuyeron con
la serie "Grandes vidas en la historia de Colorado". Entre ellas se
encuentran:

Los maestros que aceptaron el desafío de escribir las biografías.

Dra. Jeanne Abrams, directora de la sociedad histórica judía Rocky
Mountain Jewish Historical Society, y Frances Wisebart Jacobs,
experta.

Paul Andrews y Nancy Humphry, Felipe y Dolores Baca, expertos.

Dra. Anne Bell, directora del programa Teaching with Primary
Sources, University of Northern Colorado.

Analía Bernardi, traductora bilingüe, Escuelas Públicas de Denver.

Mary Jane Bradbury, portavoz Chautauqua de la organización
Colorado Humanities, y Augusta Tabor, experta.

Joel' Bradley, coordinador de proyectos, Escuelas Públicas de
Denver.

Sue Breeze, portavoz Chautauqua de la organización Colorado
Humanities, y Katharine Lee Bates, experta.

Betty Jo Brenner, coordinadora de programas, organización
Colorado Humanities.

Tim Brenner, editor.

Margaret Coval, directora ejecutiva, organización Colorado
Humanities.

Michelle Delgado, coordinadora de Estudios Sociales de
Enseñanza Primaria, Escuelas Públicas de Denver.

Jennifer Dewey, bibliotecaria de consulta, biblioteca Denver Public
Library, Departamento de Genealogía e Historia Occidental.

Jen Dibbern y Laura Ruttum Senturia, biblioteca y centro de
investigación Stephen H. Hart Library and Research Center,
centro History Colorado.

Coi Drummond-Gehrig, director de Investigación y Ventas de
Imagen Digital, biblioteca Denver Public Library.

Susan Marie Frontczak, portavoz Chautauqua de la organización Colorado Humanities y orientadora del programa Young Chautauqua.

Tony Garcia, director artístico ejecutivo de El Centro Su Teatro y Rodolfo "Corky" Gonzales, experto.

Melissa Gurney, Museos de la Ciudad de Greeley, centro de investigación Hazel E. Johnson Research Center.

Jim Havey, Productor/Fotógrafo, Havey Productions, Denver, Colorado.

Josephine Jones, directora de programas, organización Colorado Humanities.

Beth Kooima, diseñador gráfico, Kooima Kreations

Jim Kroll, director, Departamento de Genealogía e Historia Occidental, biblioteca Denver Public Library.

Steve Lee, portavoz Chautauqua de la organización Colorado Humanities, y Otto Mears, experto.

April Legg, desarrolladora de programas escolares, centro History Colorado, Programas de Educación y Desarrollo.

Nelson Molina, editor de español y asesor de traducción.

Terry Nelson, director de Recursos Comunitarios y Colecciones Especiales, biblioteca Blair-Caldwell African American Research Library, y Fannie Mae Duncan, experta.

Jessy Randall, curadora de Colecciones Especiales, Colorado College, Colorado Springs, Colorado.

Elma Ruiz, coordinadora de Estudios Sociales K–5, Escuelas Públicas de Denver, 2005–2009.

Keith Schrum, curador de libros y manuscritos, biblioteca y centro de investigación Stephen H. Hart Library and Research Center, centro History Colorado.

William Thomas, biblioteca Pikes Peak Library District.

Danny Walker, bibliotecario principal, biblioteca Blair-Caldwell African American Research Library.

Dr. William Wei, profesor de Historia, Universidad de Colorado, Boulder, y Chin Lin Sou, experto.

Acerca de la autora

Angela Dire enseña primer grado en las Escuelas Públicas de Denver. Antes de convertirse en maestra, trabajó como periodista en el periódico *Gazette* en Colorado Springs, donde conoció a Fannie Mae Duncan. Dire vive en Denver con su esposo y sus dos hijos.

Acerca de la autora